Impressum
Verlag: BABADADA GmbH, Nedderfeld 112 , 22529 Hamburg
Geschäftsführer / Verlagsleitung: Harald Hof
Druck: Books on Demand GmbH, In de Tarpen 42, 22848 Norderstedt

Imprint
Publisher: BABADADA GmbH, Nedderfeld 112 , 22529 Hamburg, Germany
Managing Director / Publishing direction: Harald Hof
Print: Books on Demand GmbH, In de Tarpen 42, 22848 Norderstedt

school
l'école

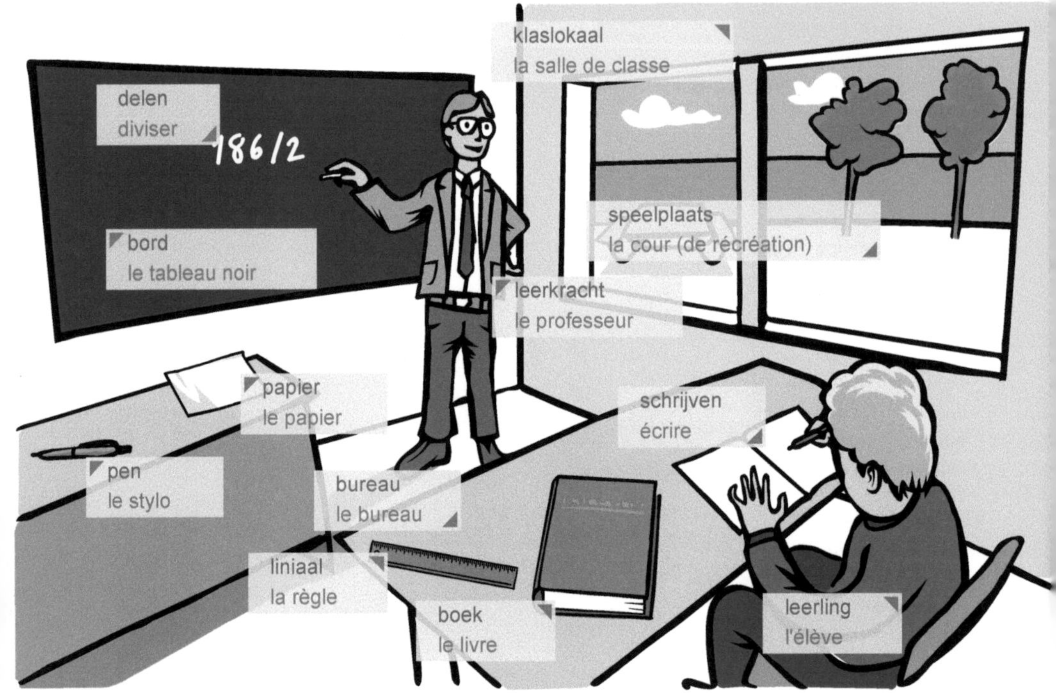
klaslokaal
la salle de classe
delen
diviser
186/2
bord
le tableau noir
speelplaats
la cour (de récréation)
leerkracht
le professeur
papier
le papier
schrijven
écrire
pen
le stylo
bureau
le bureau
liniaal
la règle
boek
le livre
leerling
l'élève

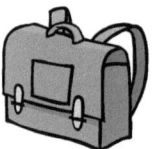

schooltas

le cartable

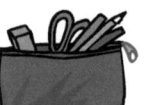

pennenzak

la trousse

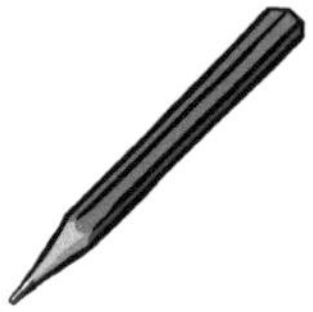

potlood

le crayon

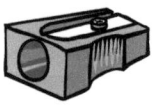

puntenslijper

le taille-crayon

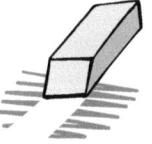

gom

la gomme

tekenblok

le carnet à dessin

tekening

le dessin

verfborstel

le pinceau

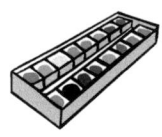

verfdoos

la boîte de peinture

schaar

les ciseaux

lijm

la colle

werkboek

le cahier d'exercices

huiswerk

les devoirs

nummer

le chiffre

optellen

additionner

aftrekken

soustraire

vermenigvuldigen

multiplier

rekenen

calculer

letter

la lettre

alfabet

l'alphabet

woord

le mot

tekst

le texte

Lezen

lire

krijt

la craie

les

la leçon

klassenboek

le livre de classe

examen

l'examen

certificaat

le certificat

schooluniform

l'uniforme scolaire

onderwijs

la formation

encyclopedie

le lexique

universiteit

l'université

microscoop

le microscope

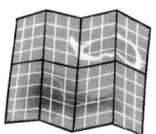

kaart

la carte

papiermand

la corbeille à papier

reis
le voyage

hotel
l'hôtel
Grand
jeugdherberg
l'auberge
ROOMS
wisselkantoor
le bureau de change
CHANGE
koffer
la valise
auto
la voiture

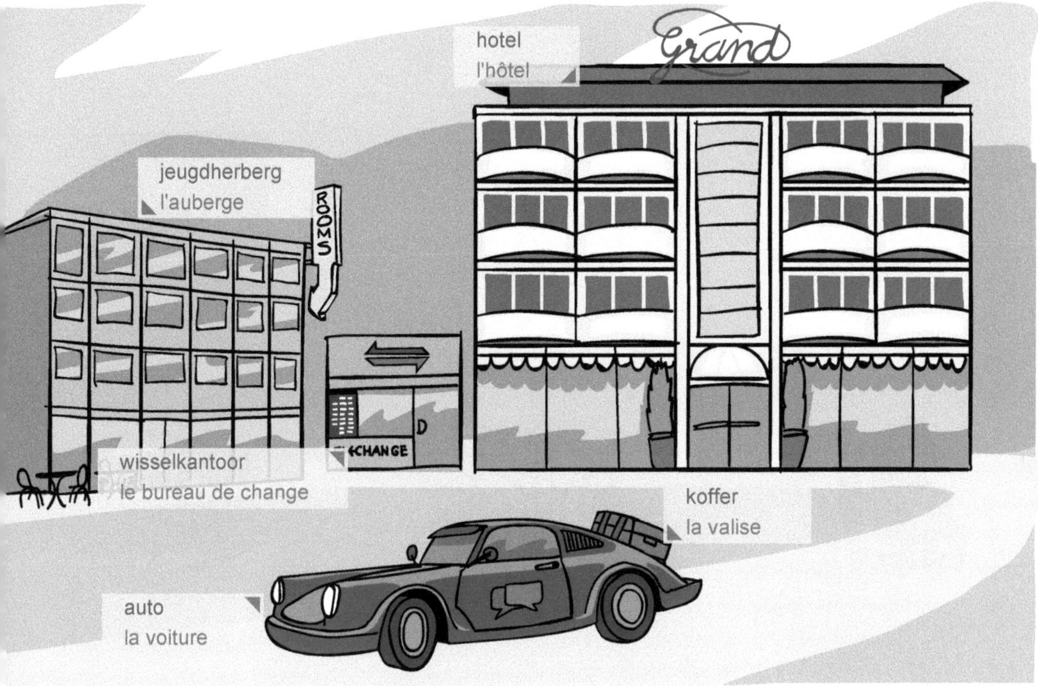

Taal
la langue

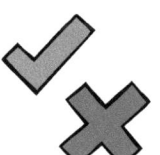

ja / nee
oui / non

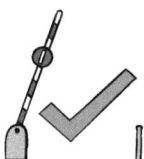

oké
d'accord

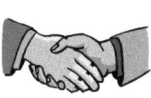

hallo
Salut

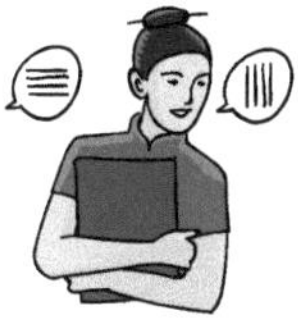

vertaler
l'interprète

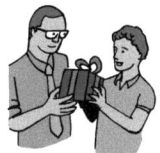

bedankt
merci

Hoeveel kost ...?

Combien coûte...?

Ik begrijp het niet

Je ne comprends pas

probleem

le problème

Goedenavond!

Bonsoir !

Goedemorgen!

Bonjour !

Goedenavond!

Bonne nuit !

Tot ziens

Au revoir

richting

la direction

bagage

les bagages

zak

le sac

rugzak

le sac-à-dos

gast

l'hôte

kamer

la pièce

slaapzak

le sac de couchage

tent

la tente

toeristeninformatie

l'office de tourisme

strand

la plage

kredietkaart

la carte de crédit

ontbijt

le petit-déjeuner

lunch

le déjeuner

avondeten

le dîner

ticket

le billet

lift

l'ascenseur

postzegel

le timbre

grens

la frontière

douane

la douane

ambassade

l'ambassade

visum

le visa

paspoort

le passeport

transport
le transport

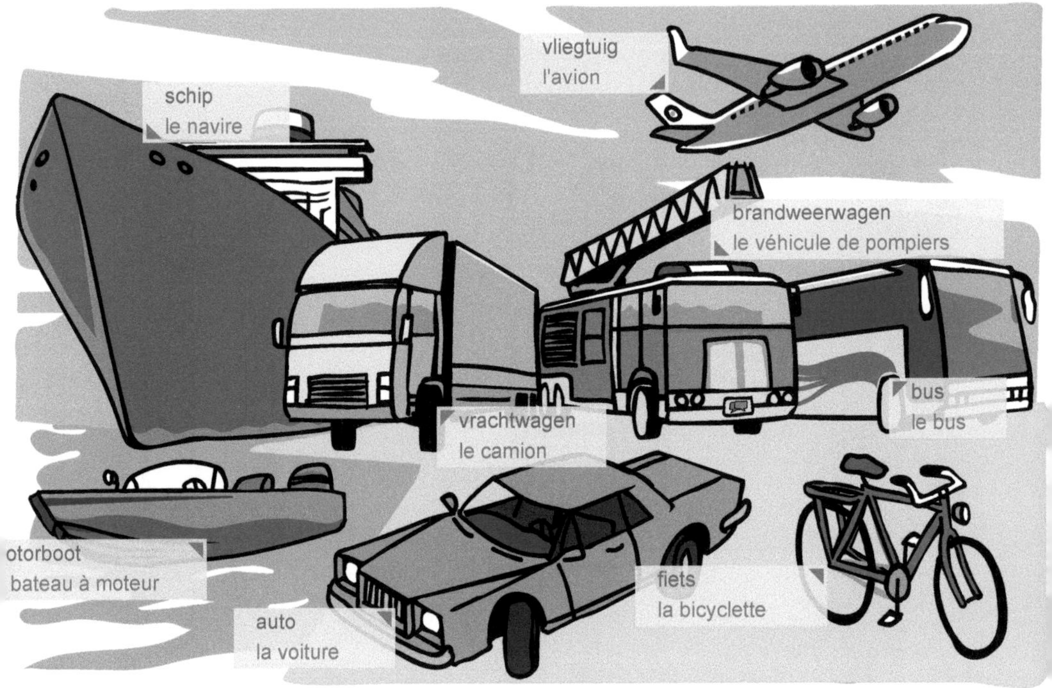
vliegtuig
l'avion
schip
le navire
brandweerwagen
le véhicule de pompiers
bus
le bus
vrachtwagen
le camion
otorboot
bateau à moteur
fiets
la bicyclette
auto
la voiture

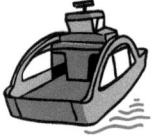

veerboot
le ferry

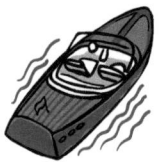

boot
la barque

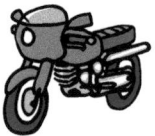

motor
la moto

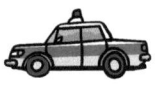

politiewagen
la voiture de police

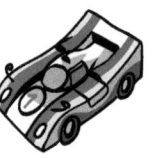

racewagen
la voiture de course

huurauto
la voiture de location

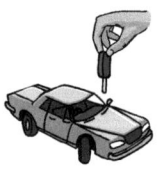

carpoolen

l'auto-partage

sleepwagen

la voiture de remorquage

vuilniswagen

la benne à ordures

motor

le moteur

benzine

l'essence

benzinestation

la station d'essence

verkeersbord

le panneau indicateur

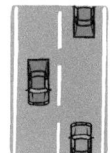

verkeer

le trafic

file

l'embouteillage

parkeerplaats

le parking

station

la gare

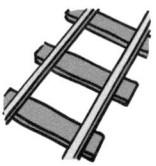

sporen

les rails

trein

le train

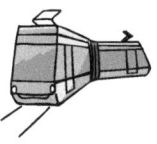

tram

le tramway

wagon

le wagon

helikopter

l'hélicoptère

luchthaven

l'aéroport

toren

la tour

passagier

le passager

container

le conteneur

karton

le carton

kar

le chariot

mand

la corbeille

opstijgen / landen

décoller / atterrir

stad

la ville

dorp

le village

stadscentrum

le centre-ville

huis

la maison

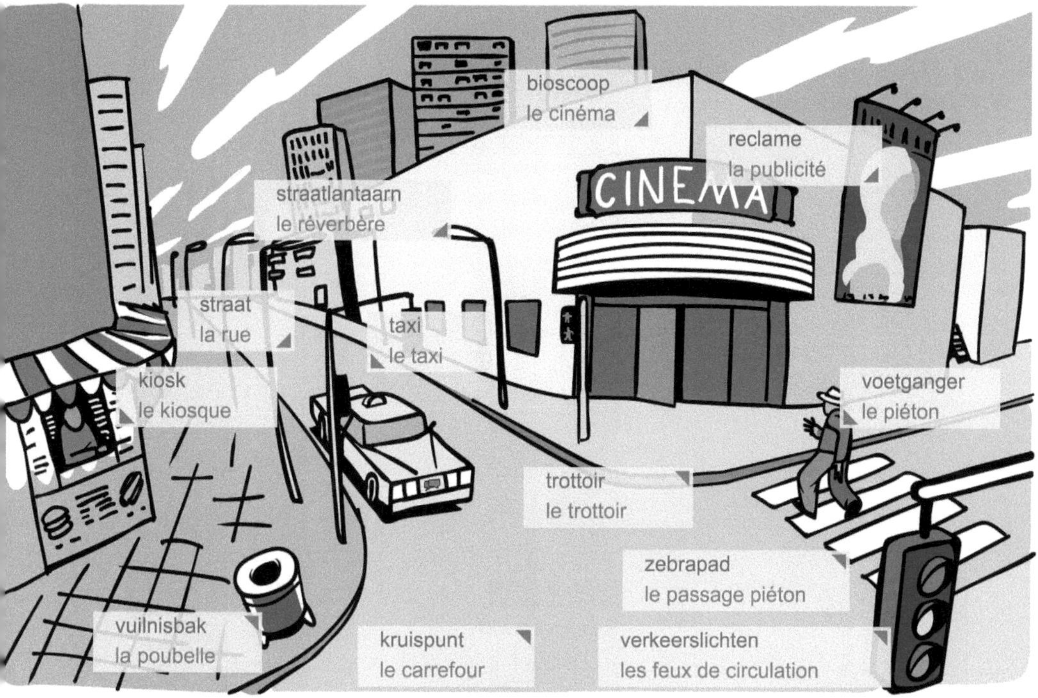

bioscoop
le cinéma

reclame
la publicité

straatlantaarn
le réverbère

straat
la rue

taxi
le taxi

voetganger
le piéton

kiosk
le kiosque

trottoir
le trottoir

zebrapad
le passage piéton

vuilnisbak
la poubelle

kruispunt
le carrefour

verkeerslichten
les feux de circulation

CINEMA

hut

la cabane

woning

l'appartement

station

la gare

stadshuis

la mairie

museum

le musée

school

l'école

universiteit

l'université

bank

la banque

ziekenhuis

l'hôpital

hotel

l'hôtel

apotheek

la pharmacie

kantoor

le bureau

boekwinkel

la librairie

winkel

le magasin

bloemenwinkel

le fleuriste

supermarkt

le supermarché

markt

le marché

warenhuis

le grand magasin

vishandelaar

la poissonnerie

winkelcentrum

le centre commercial

haven

le port

park
le parc

bank
la banque

brug
le pont

trap
les escaliers

metro
le métro

tunnel
le tunnel

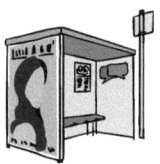

bushalte
l'arrêt de bus

bar
le bar

restaurant
le restaurant

brievenbus
la boîte à lettres

straatnaambord
le panneau indicateur

parkeermeter
le parcmètre

zoo
le zoo

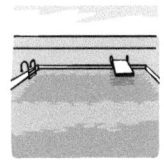

zwembad
le réverbère

moskee
la mosquée

boerderij
la ferme

milieuverontreiniging
la pollution

kerkhof
la cimetière

kerk
l'église

speelplaats
l'aire de jeux

tempel
le temple

landschap
le paysage

blad
la feuille

wegwijzer
le panneau indicateur

weg
le chemin

weide
le pré

steen
la pierre

boom
l'arbre

wandelaar
le randonneur

rivier
la rivière

gras
l'herbe

bloem
la fleur

vallei
la vallée

heuvel
la montagne

meer
le lac

bos
la forêt

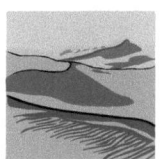

woestijn
le désert

vulkaan
le volcan

kasteel
le château

regenboog
l'arc-en-ciel

paddenstoel
le champignon

palmboom
le palmier

mug
le moustique

vlieg
la mouche

mier
les fourmis

bijl
l'abeille

spin
l'araignée

landschap - le paysage

kever

le coléoptère

kikker

la grenouille

eekhoorn

l'écureuil

egel

le hérisson

haas

le lièvre

uil

la chouette

vogel

l'oiseau

zwaan

le cygne

wild zwijn

le sanglier

hert

le cerf

eland

l'élan

dam

le barrage

windturbine

l'éolienne

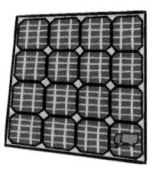

zonnepaneel

le panneau solaire

klimaat

le climat

restaurant
le restaurant

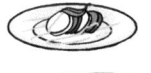

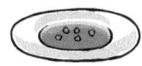

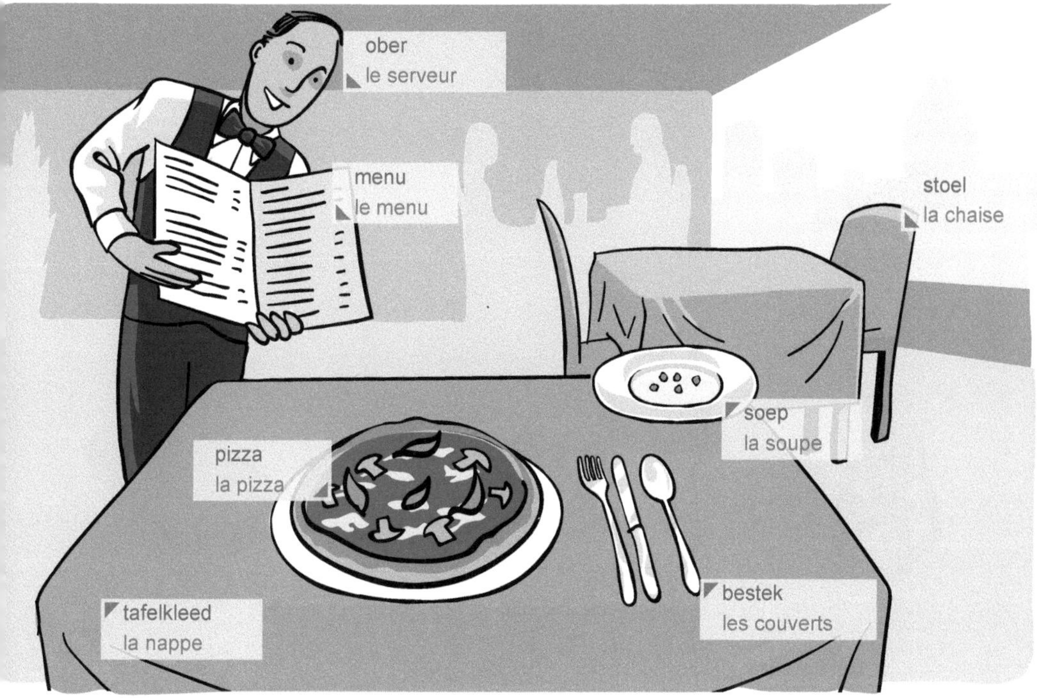
ober
le serveur
menu
le menu
stoel
la chaise
soep
la soupe
pizza
la pizza
bestek
les couverts
tafelkleed
la nappe

voorgerecht

les hors d'œuvre

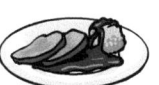

hoofdgerecht

le plat principal

nagerecht

le dessert

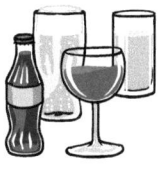

drankjes

les boissons

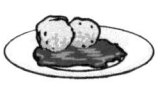

eten

l'alimentation

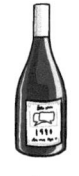

fles

la bouteille

fastfood

le fast-food

street food

les plats à emporter

theepot

la théière

suikerpot

le sucrier

portie

la portion

espressomachine

la machine à expresso

kinderstoel

la chaise haute

rekening

la facture

dienblad

le plateau

mes

le couteau

vork

la fourchette

lepel

la cuillère

theelepel

la cuillère à thé

serviette

la serviette

glas

le verre

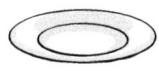

bord
l'assiette

soepbord
l'assiette à soupe

schoteltje
la soucoupe

saus
la sauce

zoutvatje
la salière

pepermolen
le moulin à poivre

azijn
le vinaigre

olie
l'huile

kruiden
les épices

ketchup
le ketchup

mosterd
la moutarde

mayonaise
la mayonnaise

supermarkt

le supermarché

aanbieding
l'offre promotionnelle
FOR
klant
le client
zuivelproducten
les produits laitiers
fruit
les fruits
winkelwagen
le chariot

BUTCHERS

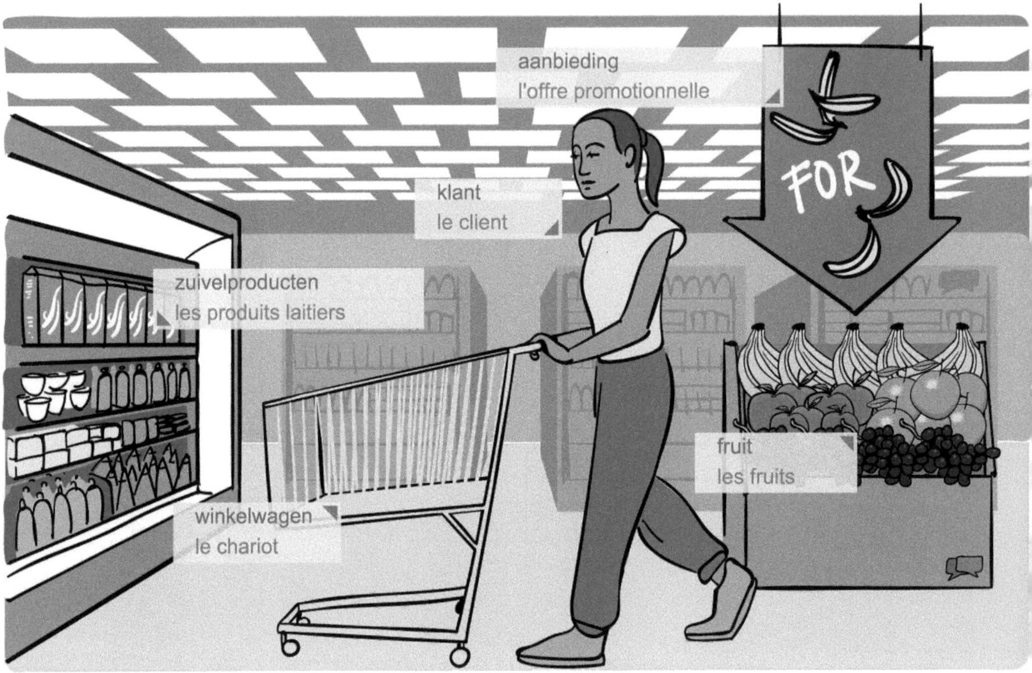

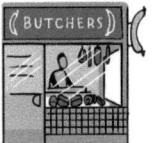

slagerij

la boucherie

BAKERY

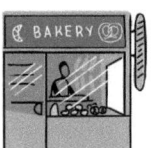

bakkerij

la boulangerie

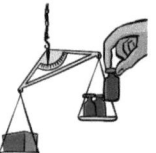

wegen

peser

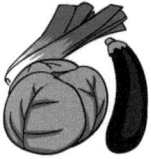

groenten

les légumes

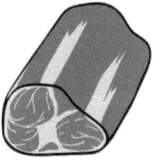

vlees

la viande

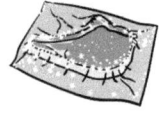

diepvriesvoedsel

les aliments surgelés

charcuterie

la charcuterie

conserven

les conserves

waspoeder

la poudre à lessive

snoep

les bonbons

huishoudproducten

les articles ménagers

schoonmaakproducten

les détergents

verkoopster

la vendeuse

kassa

la caisse

kassier

le caissier

boodschappenlijstje

la liste d'achats

openingstijden

les heures d'ouverture

portefeuille

le portefeuille

kredietkaart

la carte de crédit

tas

le sac

plastieken zakje

le sac en plastique

drankjes
les boissons

water

l'eau

sap

le jus de fruit

melk

le lait

cola

le coca

wijn

le vin

bier

la bière

alcohol

l'alcool

cacao

le chocolat chaud

thee

le thé

koffie

le café

espresso

l'expresso

cappuccino

le cappuccino

banaan

la banane

appel

la pomme

sinaasappel

l'orange

meloen

le melon

citroen

le citron.

wortel

la carotte

knoflook

l'ail

bamboe

le bambou

ajuin

l'oignon

champignon

le champignon

noten

les noisettes

noodles

les pâtes

spaghetti

les spaghetti

rijst

le riz

salade

la salade

frieten

les pommes frites

gebakken aardappelen

les pommes de terre rôties

pizza

la pizza

hamburger

le hamburger

sandwich

le sandwich

kalfslapje

l'escalope

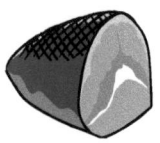

ham

le jambon

salami

le salami

worst

la saucisse

kip

le poulet

braden

le rôti

vis

le poisson

havervlokken

les flocons d'avoine

muesli

le muesli

cornflakes

les cornflakes

bloem

la farine

croissant

le croissant

pistolet

les petits-pains

brood

le pain

toast

le pain grillé

koekjes

les biscuits

boter

le beurre

kwark

le fromage blanc

taart

le gâteau

ei

l'œuf

spiegelei

l'œuf au plat

kaas

le fromage

ijs
la glace

suiker
le sucre

honing
le miel

confituur
la confiture

choco
la crème nougat

curry
le curry

boerderij
la ferme

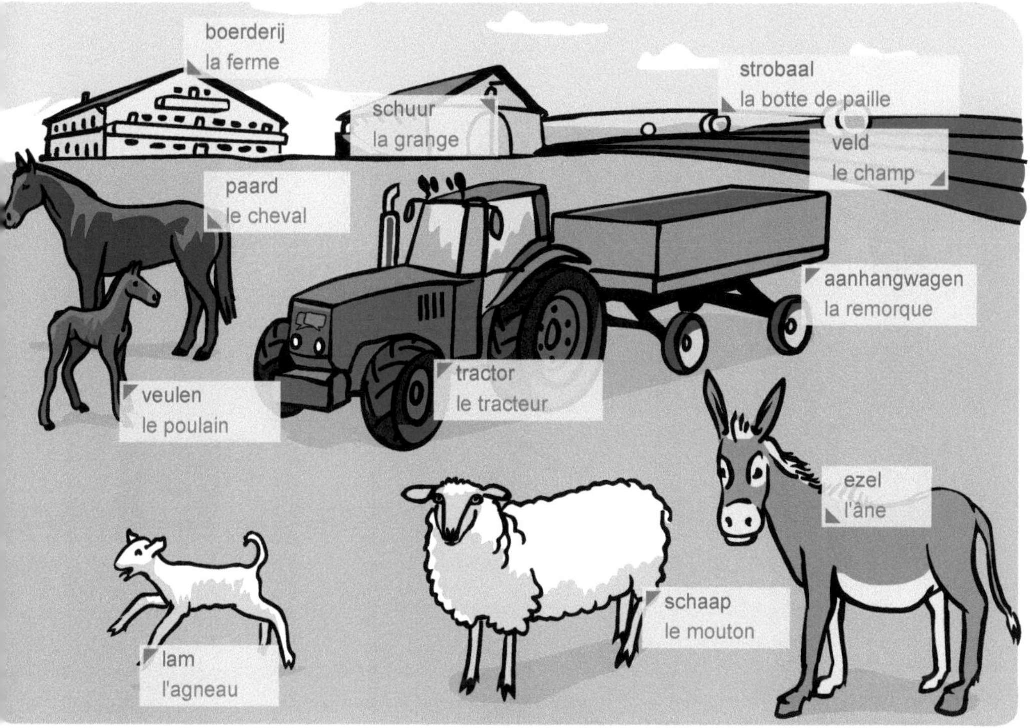
boerderij
la ferme
schuur
la grange
strobaal
la botte de paille
veld
le champ
paard
le cheval
aanhangwagen
la remorque
tractor
le tracteur
veulen
le poulain
ezel
l'âne
schaap
le mouton
lam
l'agneau

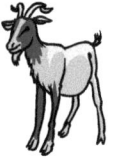

geit

la chèvre

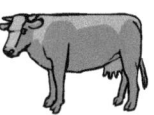

koe

la vache

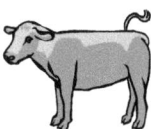

kalf

le veau

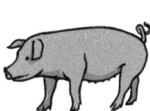

varken

le porc

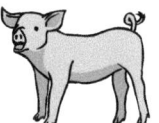

biggetje

le porcelet

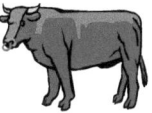

stier

le taureau

gans
l'oie

eend
le canard

kuiken
le poussin

kip
la poule

haan
le coq

rat
le rat

kat
le chat

muis
la souris

os
le bœuf

hond
le chien

hondenhok
le chenil

tuinslang
le tuyau de jardin

gieter
l'arrosoir

zeis
la faucheuse

ploeg
la charrue

sikkel

la faucille

schoffel

la pioche

hooivork

la fourche

bijl

la hache

kruiwagen

la brouette

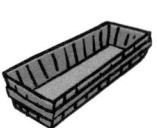

trog

la cuve

melkkan

le pot à lait

zak

le sac

hek

la clôture

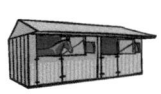

stal

l'étable

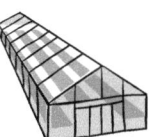

broeikas

le serre

bodem

le sol

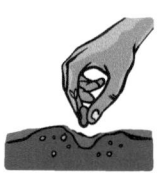

zaad

les semences

mest

l'engrais

maaidorser

la moissonneuse-batteuse

oogsten
récolter

oogst
la récolte

yam
l'igname

tarwe
le blé

soja
le soja

aardappel
la pomme de terre

maïs
le maïs

koolzaad
le colza

fruitboom
l'arbre fruitier

maniok
le manioc

graan
les céréales

huis
la maison

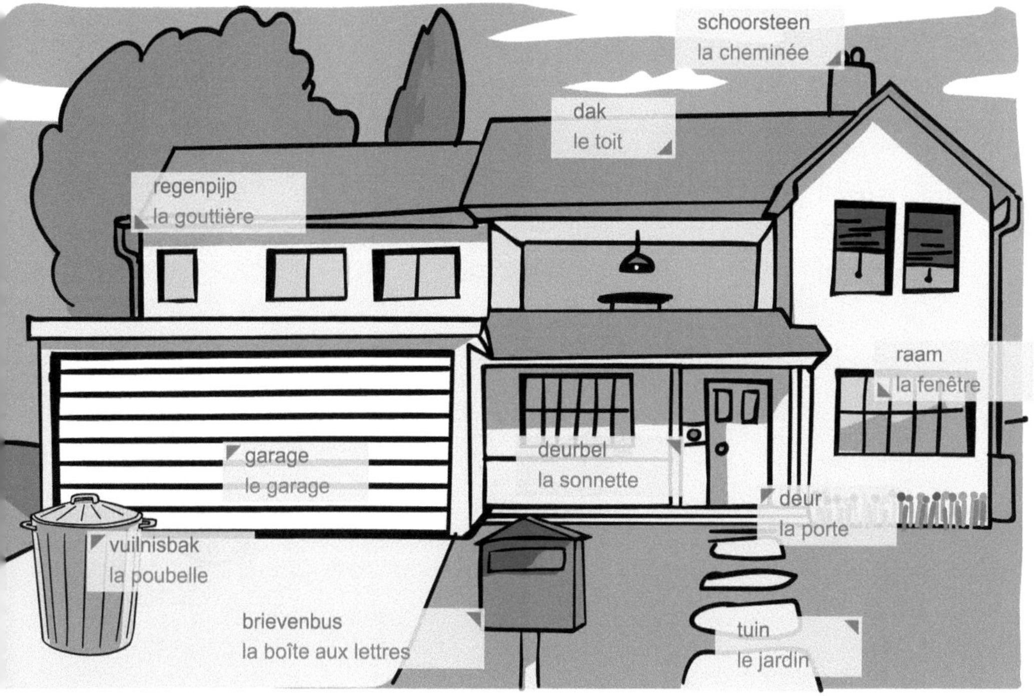

schoorsteen
la cheminée
dak
le toit
regenpijp
la gouttière
raam
la fenêtre
garage
le garage
deurbel
la sonnette
deur
la porte
vuilnisbak
la poubelle
brievenbus
la boîte aux lettres
tuin
le jardin

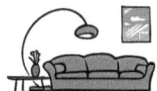

woonkamer
le salon

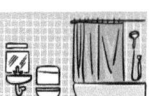

badkamer
la salle de bain

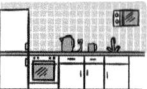

keuken
la cuisine

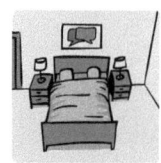

slaapkamer
la chambre à coucher

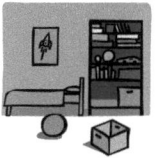

kinderkamer
la chambre d'enfant

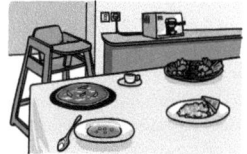

eetkamer
la salle à manger

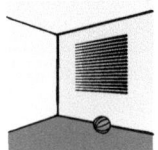

vloer

le sol

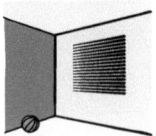

muur

le mur

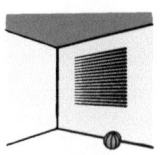

plafond

le plafond

kelder

la cave

sauna

le sauna

balkon

le balcon

terras

la terrasse

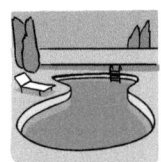

zwembad

la piscine

grasmaaier

la tondeuse à gazon

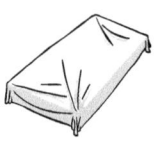

dekbedovertrek

la housse

dekbed

la couette

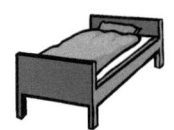

bed

le lit

bezem

le balai

emmer

le sceau

schakelaar

l'interrupteur

woonkamer

le salon

behangpapier
le papier peint
foto
l'image
lamp
la lampe
schap
l'étagère
kast
l'armoire
televisie
la télé
open haard
la cheminée
bloem
la fleur
kussen
le coussin
sofa
le sofa
vaas
le vase
afstandsbediening
la télécommande

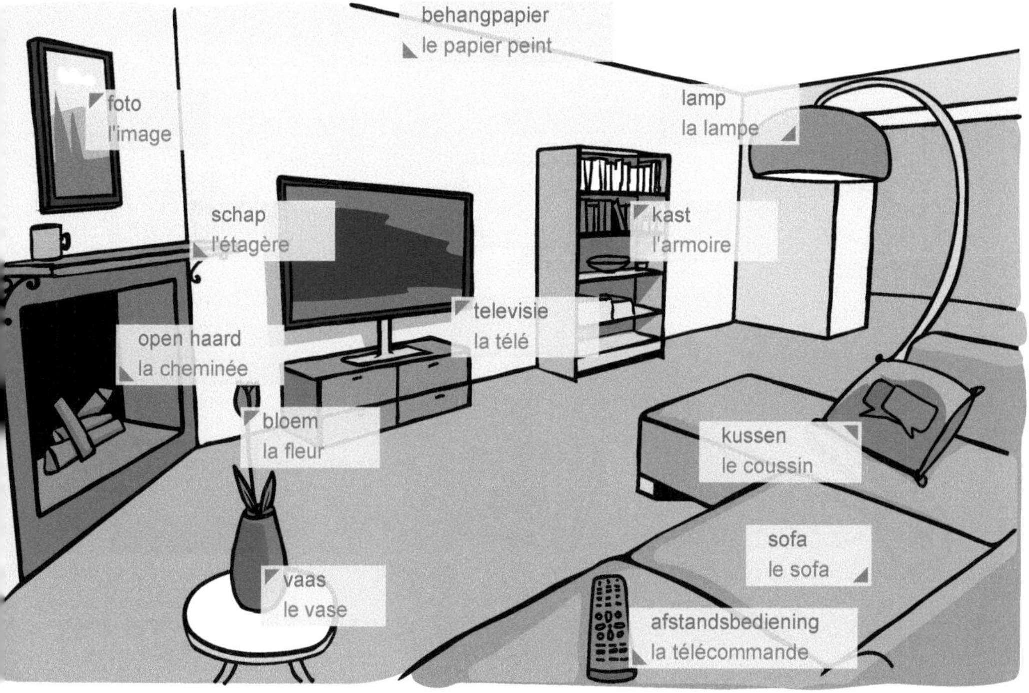

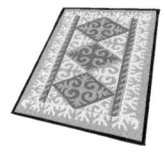

mat
le tapis

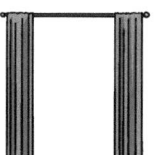

gordijn
le rideau

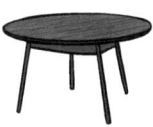

tafel
la table

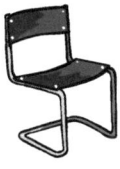

stoel
la chaise

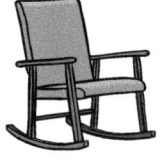

schommelstoel
la chaise à bascule

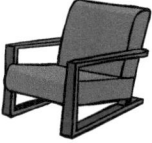

fauteuil
le fauteuil

boek

le livre

deken

la couverture

decoratie

la décoration

brandhout

le bois de chauffage

film

le film

stereo-installatie

la chaîne hi-fi

sleutel

la clé

krant

le journal

schilderij

la peinture

poster

le poster

radio

la radio

notitieboekje

le bloc-notes

stofzuiger

l'aspirateur

cactus

le cactus

kaars

la bougie

keuken
la cuisine

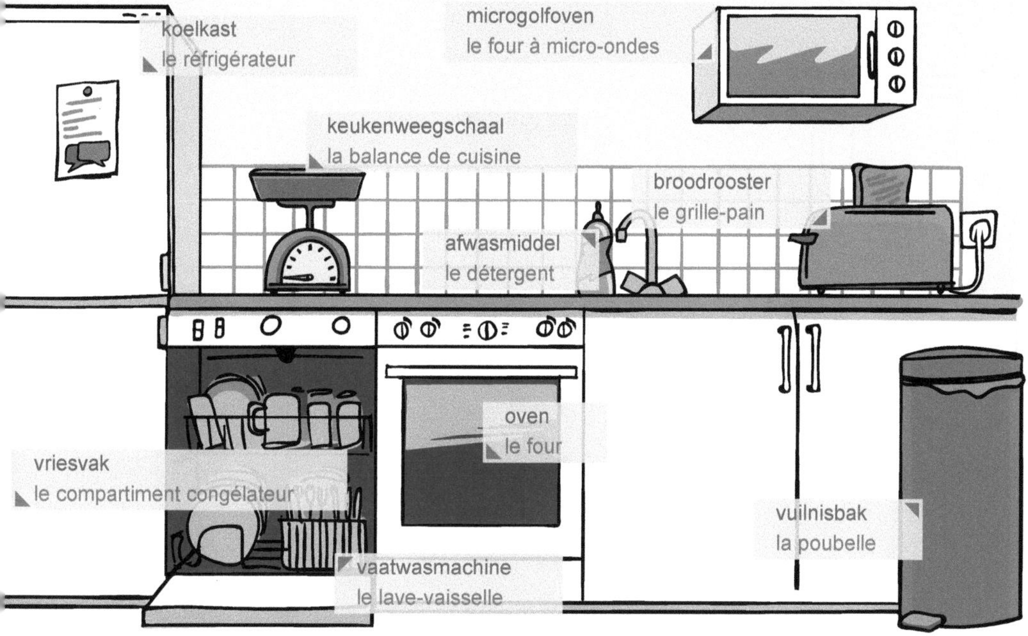

koelkast
le réfrigérateur
microgolfoven
le four à micro-ondes
keukenweegschaal
la balance de cuisine
broodrooster
le grille-pain
afwasmiddel
le détergent
oven
le four
vriesvak
le compartiment congélateur
vuilnisbak
la poubelle
vaatwasmachine
le lave-vaisselle

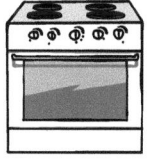

fornuis

le four

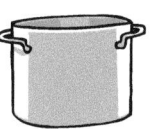

pot

la casserole

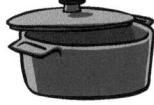

gietijzeren pot

la marmite

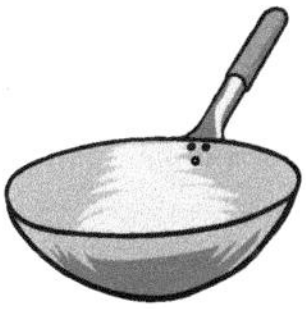

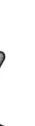

wok / kadai

le wok / kadai

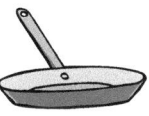

pan

la poêle

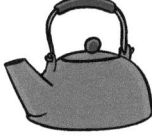

waterkoker

la bouilloire electrique

stoomkoker

le cuiseur vapeur

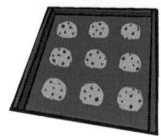

bakplaat

la plaque de cuisson

servies

la vaisselle

mok

le gobelet

kom

la coupe

eetstokjes

les baguettes

pollepel

la louche

spatel

la spatule

garde

le fouet

vergiet

la passoire

zeef

le tamis

rasp

la râpe

mortier

le mortier

barbecue

le barbecue

haardvuur

la cheminée

snijplank

la planche à découper

deegrol

le rouleau à pâtisserie

kurkentrekker

le tire-bouchon

blik

la boîte

blikopener

l'ouvre-boîte

pannenlap

les maniques

gootsteen

le lavabo

borstel

la brosse

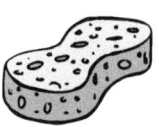

spons

l'éponge

blender

le mixeur

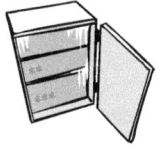

vriezer

le congélateur

papfles

le biberon

kraan

le robinet

badkamer
la salle de bain

douche
la douche
verwarming
le chauffage
handdoek
la serviette
douchegordijn
le rideau de douche
bubbelbad
le bain moussant
badkuip
la baignoire
glas
le verre
wasmachine
la machine à laver
kraan
le robinet
tegels
le carrelage
kinderpo
le pot
gootsteen
le lavabo

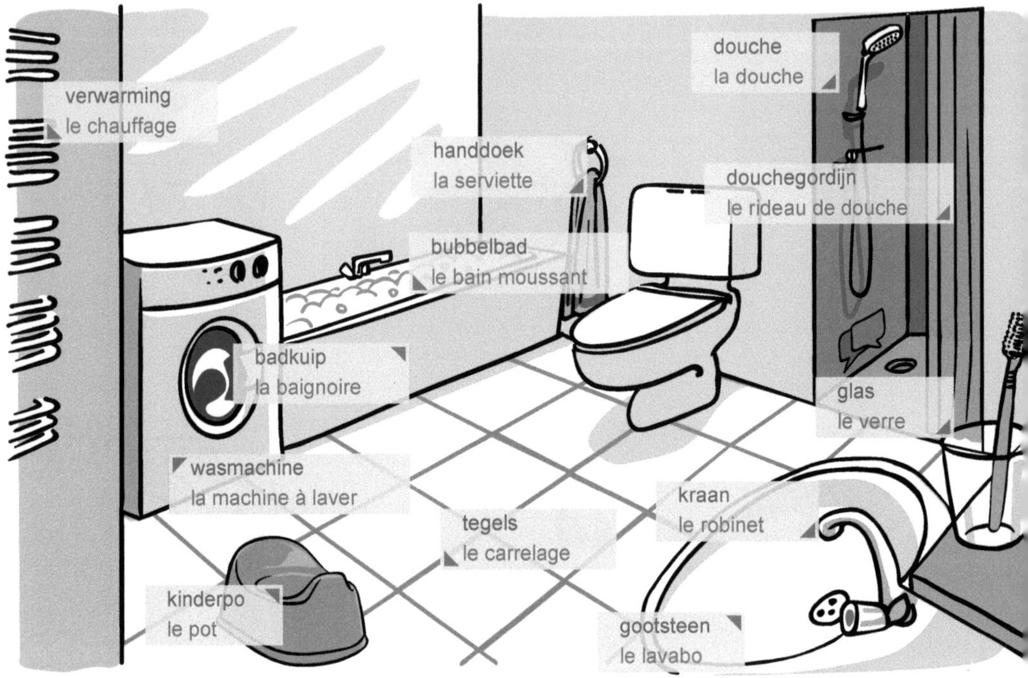

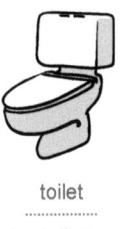

toilet

les toilettes

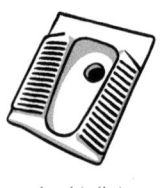

hurktoilet

la toilette à la turque

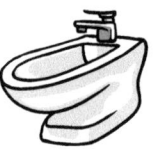

bidet

le bidet

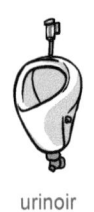

urinoir

l'urinoir

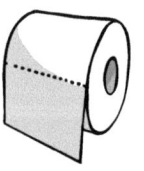

toiletpapier

le papier toilette

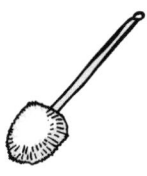

toiletborstel

la brosse à toilette

tandenborstel

la brosse à dents

tandpasta

le dentifrice

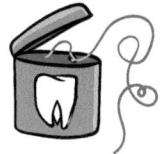

flosdraad

le fil dentaire

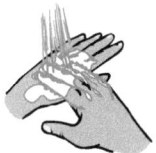

wassen

laver

handdouche

la douche manuelle

bidethanddouche

la douche intime

waskom

la vasque

rugborstel

la brosse dorsale

zeep

le savon

douchegel

le gel douche

shampoo

le shampooing

washandje

le gant de toilette

afvoer

l'écoulement

crème

la crème

deodorant

le déodorant

spiegel

le miroir

handspiegel

le miroir cosmétique

scheermes

le rasoir

scheerschuim

la mousse à raser

aftershave

l'après-rasage

kam

la peigne

borstel

la brosse

haardroger

le sèche-cheveux

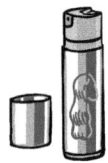

haarlak

la laque pour cheveux

make-up

le fond de teint

lippenstift

le rouge à lèvres

nagellak

le vernis à ongles

watten

l'ouate

nagelknipper

le coupe-ongles

parfum

le parfum

toilettas

la trousse de toilette

kruk

le tabouret

weegschaal

le pèse-personne

badjas

le peignoir

latex handschoenen

les gants de nettoyage

tampon

le tampon

maandverband

les serviettes hygiéniques

chemisch toilet

la toilette chimique

kinderkamer
la chambre d'enfant

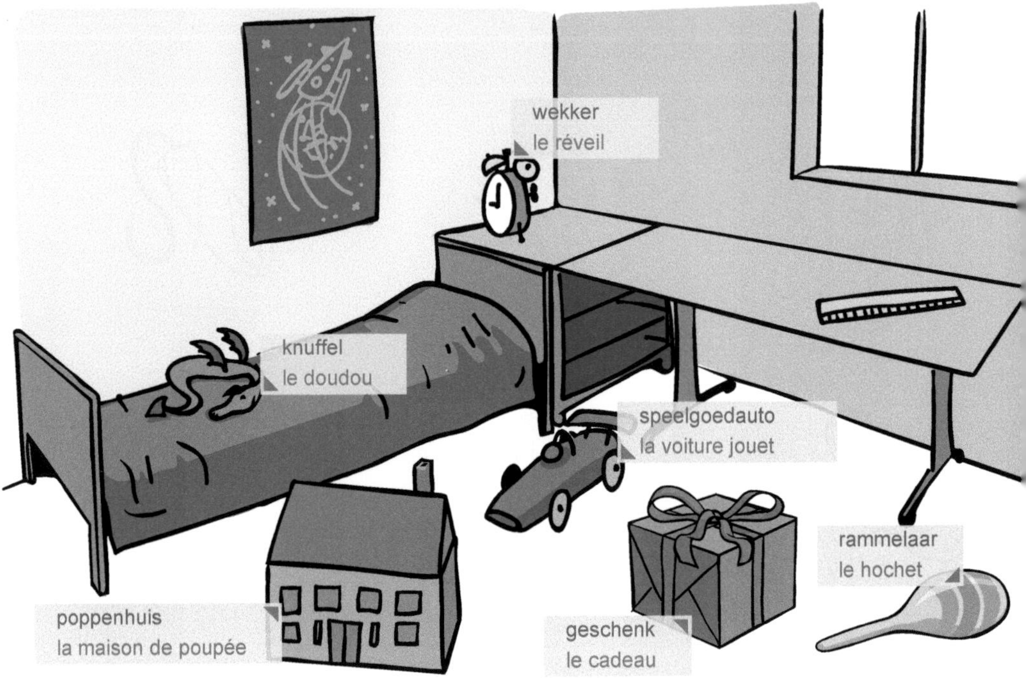
wekker
le réveil
knuffel
le doudou
speelgoedauto
la voiture jouet
rammelaar
le hochet
poppenhuis
la maison de poupée
geschenk
le cadeau

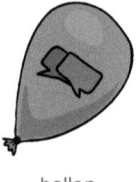

ballon
le ballon

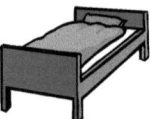

bed
le lit

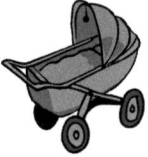

kinderwagen
la poussette

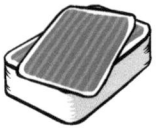

spel kaarten
le jeu de cartes

puzzel
le puzzle

SUPER
MEGA

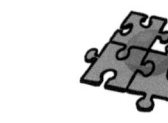

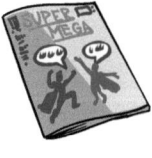

stripboek
la bande dessinée

legoblokjes

les pièces lego

blokken

les blocs de construction

actiefiguur

la figurine

kruippakje

la grenouillère

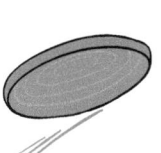

frisbee

le frisbee

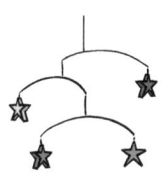

mobiel

le mobile

bordspel

le jeu de société

dobbelsteen

le dé

modelspoorweg

le train miniature

fopspeen

la sucette

feest

la fête

prentenboek

le livre d'images

bal

la balle

pop

la poupée

spelen

jouer

zandbak

le bac à sable

schommel

la balançoire

speelgoed

les jouets

spelconsole

la console de jeu

driewieler

le tricycle

knuffelbeer

l'ours en peluche

kleerkast

l'armoire

kleding

les vêtements

sokken

les chaussettes

kousen

les bas

maillot

le collant

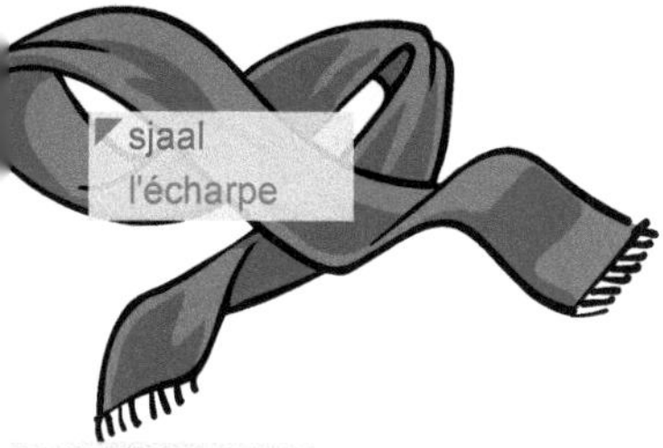

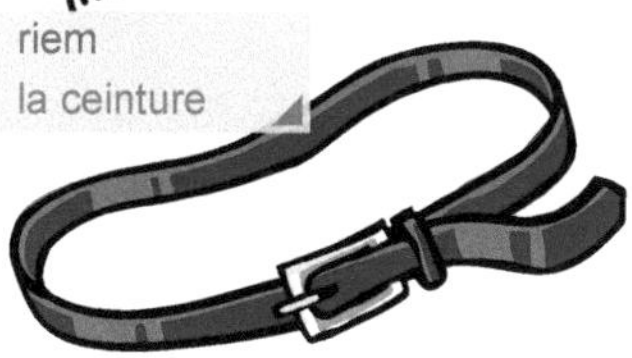

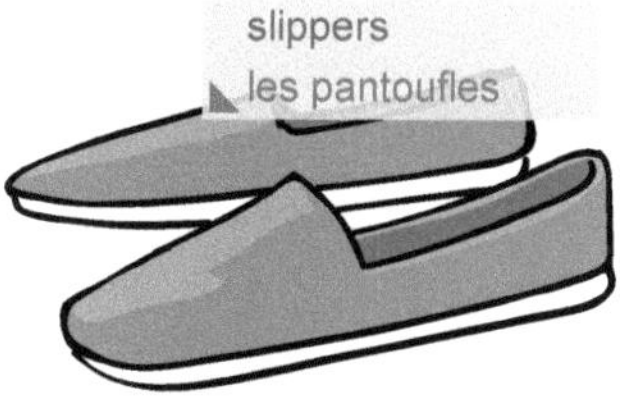

sjaal
l'écharpe

paraplu
le parapluie

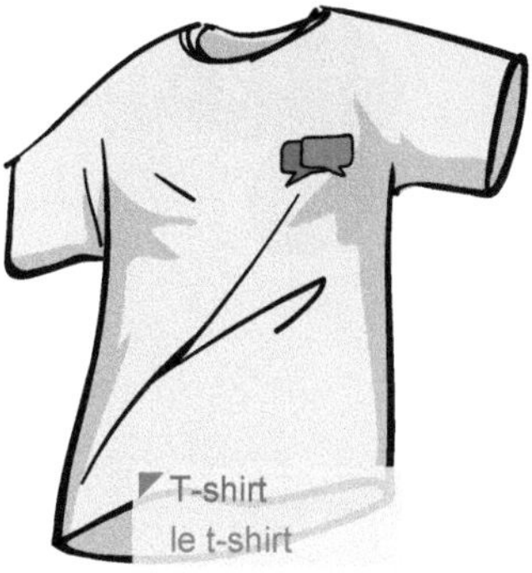

riem
la ceinture

T-shirt
le t-shirt

laarzen
les bottes

slippers
les pantoufles

sneakers
les baskets

sandalen
les sandales

schoenen
les chaussures

rubberlaarzen
les bottes de caoutchouc

onderbroek
les sous-vêtements

beha
le soutien-gorge

onderhemd
le maillot de corps

lichaam

le body

broek

le pantalon

jeans

le jean

rok

la jupe

blouse

le chemisier

hemd

la chemise

trui

le pull

capuchontrui

le sweat à capuche

blazer

la veste

jas

la veste

jas

le manteau

regenjas

l'imperméable

kostuum

le costume

jurk

la robe

trouwjurk

la robe de mariée

pak
le costume

nachthemd
la chemise de nuit

pyjama
le pyjama

sari
le sari

hoofddoek
le foulard

tulband
le turban

boerka
la burqa

kaftan
le caftan

abaya
l'abaya

badpak
le maillot de bain

zwembroek
le maillot de bain

short
le short

trainingspak
la tenue d'entraînement

schort
le tablier

handschoenen
les gants

knoop
le bouton

bril
les lunettes

armband
le bracelet

ketting
le collier

ring
la bague

oorbel
la boucle d'oreille

pet
le bonnet

kapstok
le cintre

hoed
le chapeau

das
la cravate

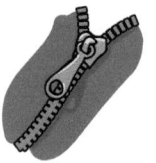

rits
la fermeture éclair

helm
le casque

bretellen
les bretelles

schooluniform
l'uniforme scolaire

uniform
l'uniforme

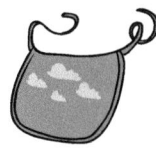

slabbetje

le bavoir

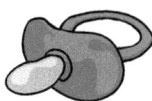

fopspeen

la sucette

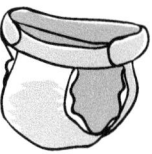

luier

la lange

kantoor

le bureau

server
le serveur
dossierkast
l'armoire d'archivage
printer
l'imprimante
papier
le papier
monitor
l'écran
muis
la souris
bureau
le bureau
map
le classeur
toestenbord
le clavier
papiermand
la corbeille à papier
computer
l'ordinateur
stoel
la chaise

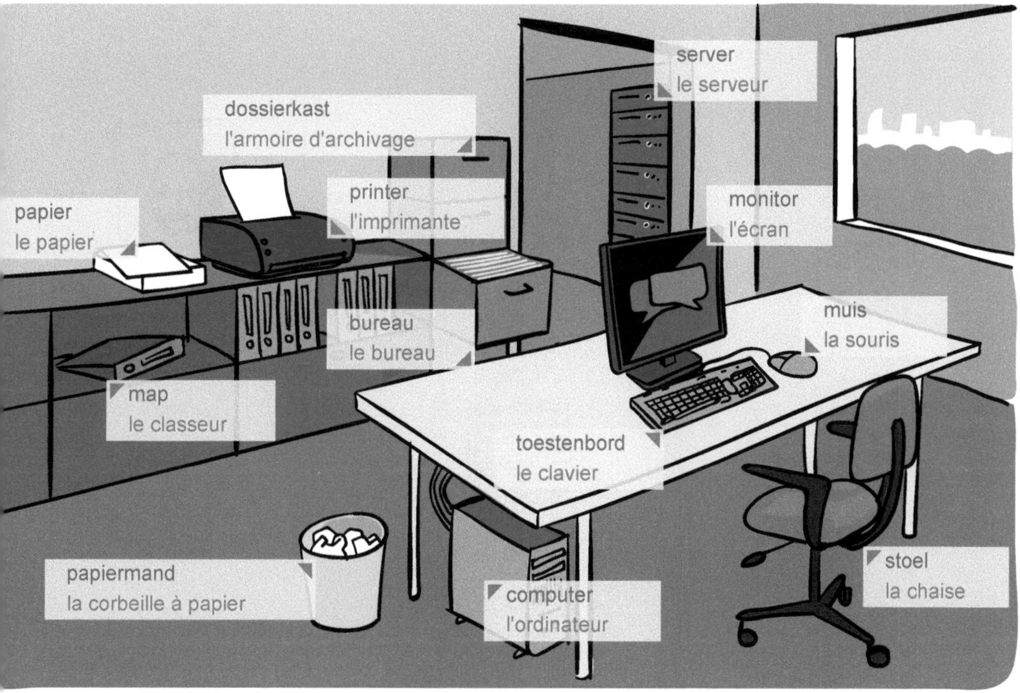

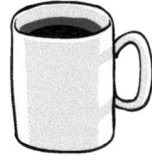

koffiemok

la tasse de café

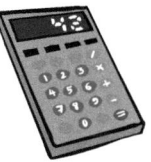

rekenmachine

la calculatrice

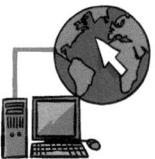

internet

l'internet

laptop

l'ordinateur portable

brief

la lettre

bericht

le message

gsm

le portable

netwerk

le réseau

kopieerapparaat

la photocopieuse

software

le logiciel

telefoon

le téléphone

stopcontact

la prise

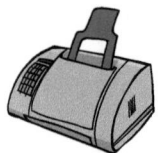

fax

le fax

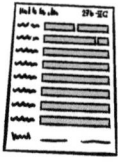

formulier

le formulaire

document

le document

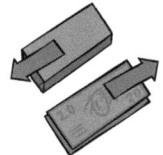

kopen

acheter

betalen

payer

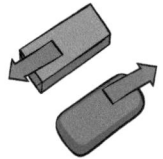

handelen

faire du commerce

geld

la monnaie

dollar

le dollar

euro

l'euro

yen

le yen

roebel

le rouble

Zwitserse frank

le franc suisse

Chinese renminbi

le renminbi yuan

roepie

la roupie

geldautomaat

le distributeur automatique

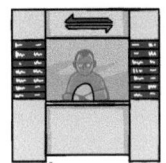

wisselkantoor

le bureau de change

goud

l'or

zilver

l'argent

olie

le pétrole

energie

l'énergie

prijs

le prix

contract

le contrat

belasting

la taxe

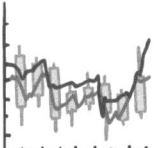

aandeel

l'action

werken

travailler

werknemer

l'employé

werkgever

l'employeur

fabriek

l'usine

winkel

le magasin

politieagent
l'agent de police

brandweerman
le pompier

kok
le cuisinier

dokter
le médecin

piloot
le pilote

tuinman

le jardinier

timmerman

le menuisier

naaister

la couturière

rechter

le juge

chemicus

le chimiste

acteur

l'acteur

buschauffeur

le conducteur de bus

taxichauffeur

le chauffeur de taxi

visser

le pêcheur

schoonmaakster

la femme de ménage

dakdekker

le couvreur

ober

le serveur

jager

le chasseur

schilder

le peintre

bakker

le boulanger

elektricien

l'électricien

bouwvakker

l'ouvrier

ingenieur

l'ingénieur

slager

le boucher

loodgieter

le plombier

postbode

le facteur

soldaat

le soldat

architect

l'architecte

kassier

le caissier

bloemist

le fleuriste

kapper

le coiffeur

conducteur

le contrôleur

mecanicien

le mécanicien

kapitein

le capitaine

tandarts

le dentiste

wetenschapper

le scientifique

rabbijn

le rabbin

imam

l'imam

monnik

le moine

geestelijke

le prêtre

werktuigen
les outils

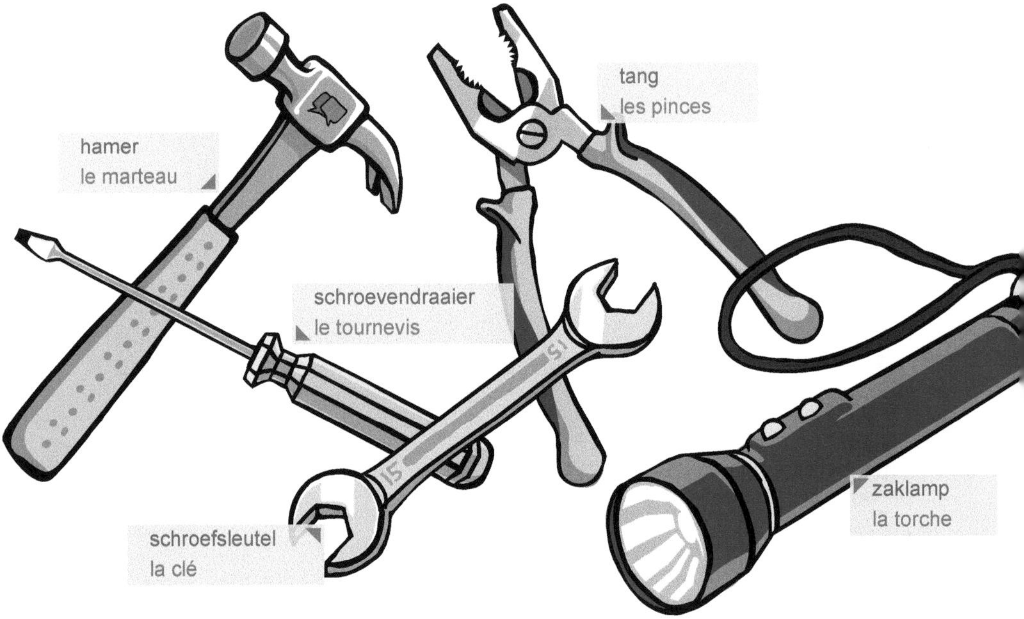

tang
les pinces
hamer
le marteau
schroevendraaier
le tournevis
zaklamp
la torche
schroefsleutel
la clé

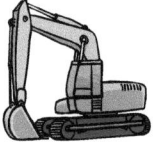

graafmachine
la pelleteuse

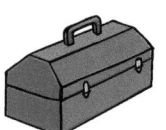

gereedschapskoffer
la boîte à outils

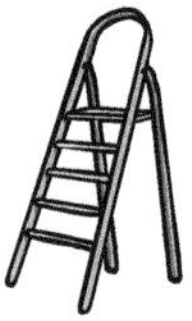

ladder
l'échelle

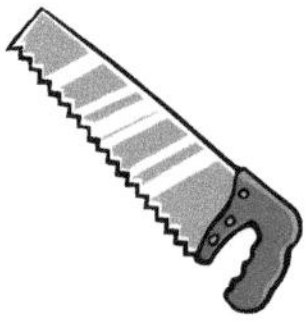

zaag
la scie

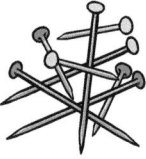

spijkers
les clous

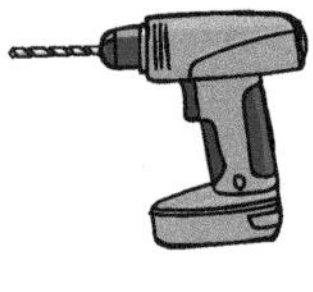

boormachine
la perceuse

repareren
reparér

schop
la pelle

Verdomme!
Mince !

blik
la pelle

verfpot
le pot de peinture

schroeven
les vis

muziekinstrumenten
les instruments de musique

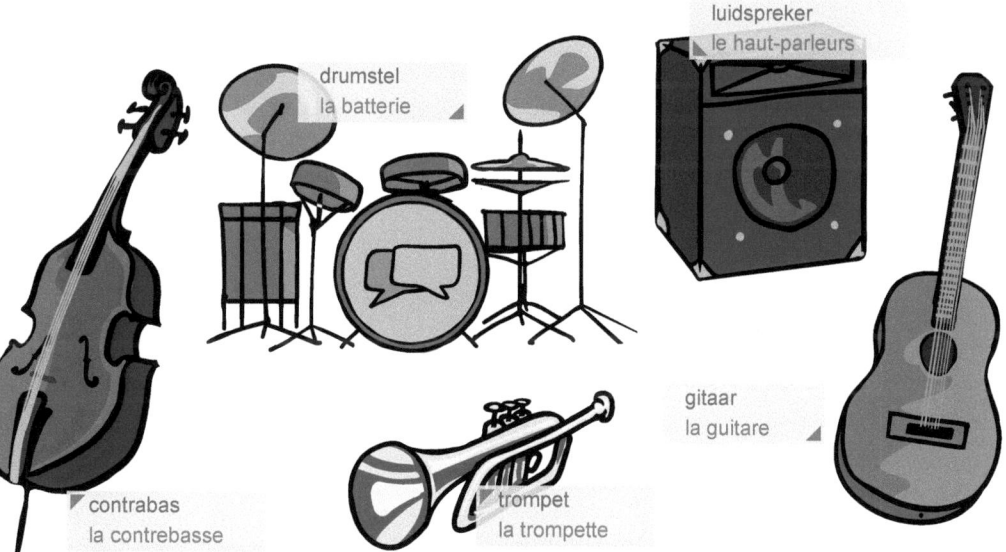

luidspreker
le haut-parleurs

drumstel
la batterie

gitaar
la guitare

contrabas
la contrebasse

trompet
la trompette

piano

le piano

viool

le violon

basgitaar

la basse

pauk

les timbales

trommels

le tambour

keyboard

le piano électrique

saxofoon

le saxophone

fluit

la flûte

microfoon

le microphone

le zoo

tijger
le tigre

ingang
l'entrée

kooi
la cage

zebra
le zèbre

diereneten
l'alimentation animale

panda
le panda

dieren

les animaux

neushoorn

le rhinocéros

olifant

l'éléphant

gorilla

le gorille

kangoeroe

le kangourou

beer

l'ours

kameel

le chameau

struisvogel

l'autruche

leeuw

le lion

aap

le singe

flamingo

le flamand rose

papegaai

le perroquet

ijsbeer

l'ours polaire

pinguïn

le pingouin

haai

le requin

pauw

le paon

slang

le serpent

krokodil

le crocodile

dierenverzorger

le gardien de zoo

zeehond

le phoque

jaguar

le jaguar

pony
le poney

luipaard
le léopard

nijlpaard
l'hippopotame

giraffe
la girafe

adelaar
l'aigle

wild zwijn
le sanglier

vis
le poisson

zeeschildpad
la tortue

walrus
le morse

vos
le renard

gazelle
la gazelle

rugby
l'american Football

wielrennen
le cyclisme

tennis
le tennis

basketbal
le basket-ball

zwemmen
la natation

boksen
la boxe

ijshockey
le hockey sur glace

voetbal

le football

badminton

le badminton

atletiek

l'athlétisme

handbal

le handball

skiën

le ski

polo

le polo

activiteiten

les activités

springen
sauter
knuffelen
embrasser
lachen
rire
wandelen
marcher
zingen
chanter
dromen
rêver
bidden
prier
kussen
faire la bise

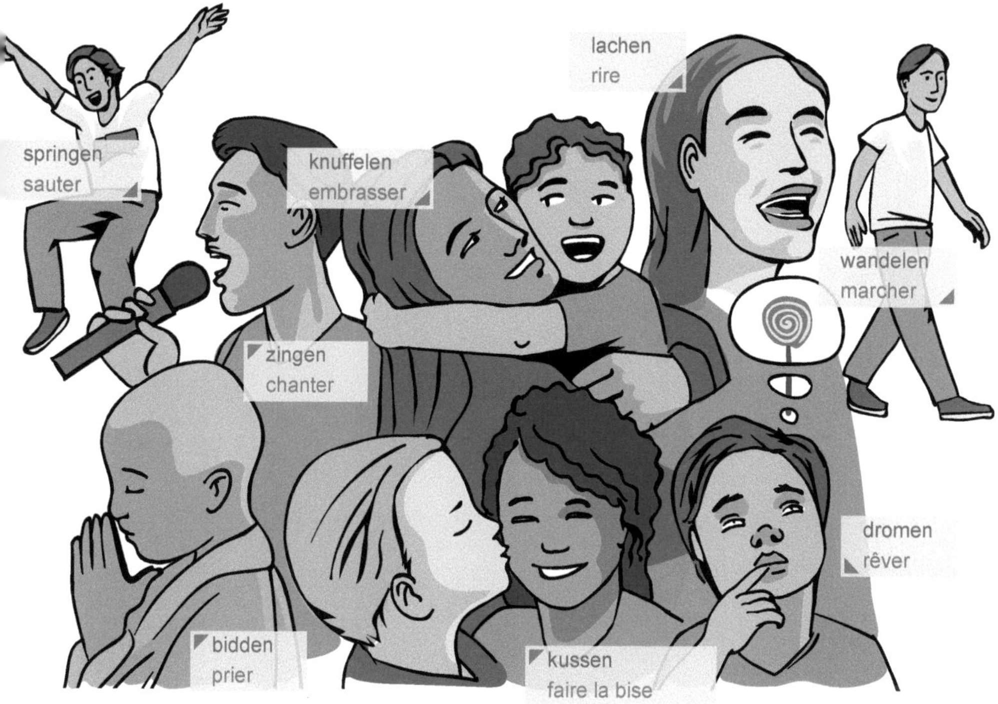

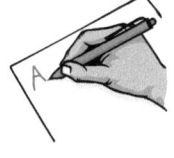

schrijven

écrire

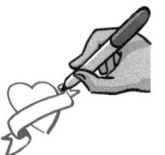

tekenen

dessiner

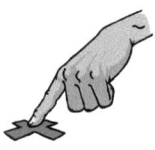

tonen

montrer

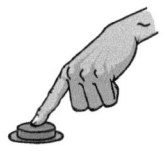

duwen

pousser

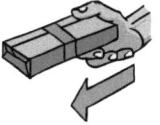

geven

donner

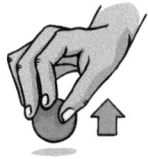

nemen

prendre

hebben

avoir

doen

faire

zijn

être

staan

être debout

lopen

courir

trekken

trier

gooien

jeter

vallen

tomber

liggen

être couché

wachten

attendre

dragen

porter

zitten

être assis

aankleden

s'habiller

slapen

dormir

ontwaken

se réveiller

kijken naar
regarder

wenen
pleurer

aaien
caresser

kammen
peigner

praten
parler

begrijpen
comprendre

vragen
demander

luisteren
écouter

drinken
boire

eten
manger

opruimen
ranger

houden van
aimer

koken
cuire

rijden
conduire

vliegen
voler

zeilen

faire de la voile

rekenen

calculer

Lezen

lire

leren

apprendre

werken

travailler

trouwen

se marier

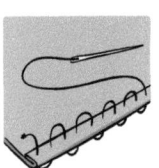

naaien

coudre

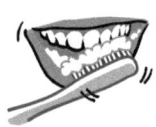

tandenpoetsen

brosser les dents

doden

tuer

roken

fumer

sturen

envoyer

familie

la famille

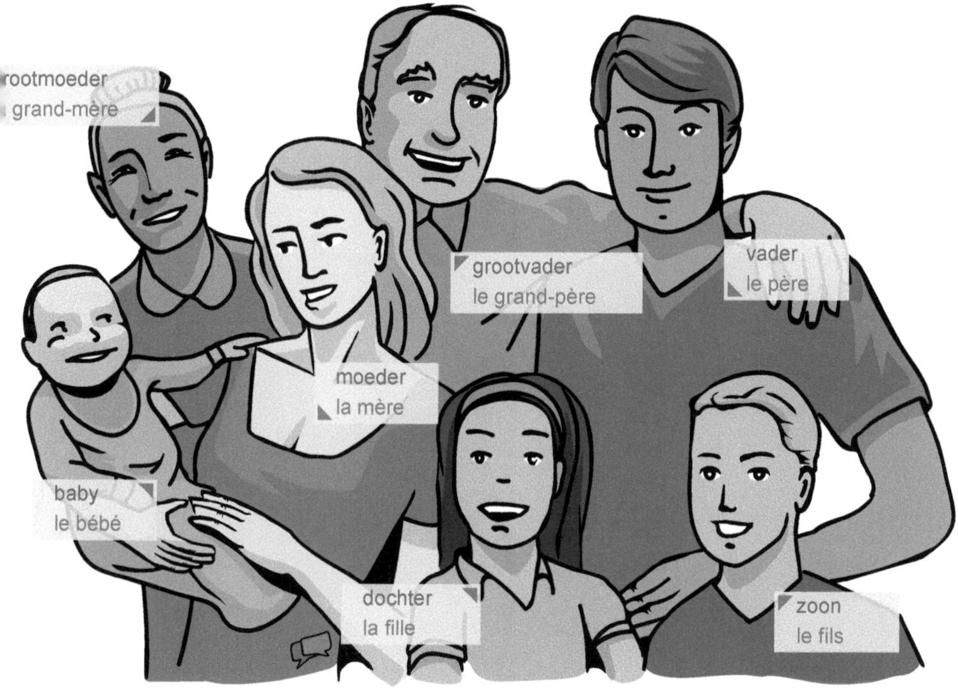

rootmoeder
grand-mère
grootvader
le grand-père
vader
le père
moeder
la mère
baby
le bébé
dochter
la fille
zoon
le fils

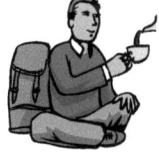

gast

l'hôte

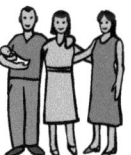

tante

la tante

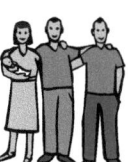

oom

l'oncle

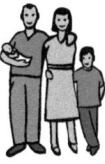

broer

le frère

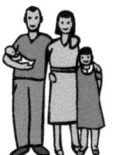

zus

la sœur

lichaam

le corps

voorhoofd
le front
oog
l'œil
schouder
l'épaule
vinger
le doigt
gezicht
le visage
kin
le menton
hand
la main
been
la jambe
borst
la poitrine
arm
le bras

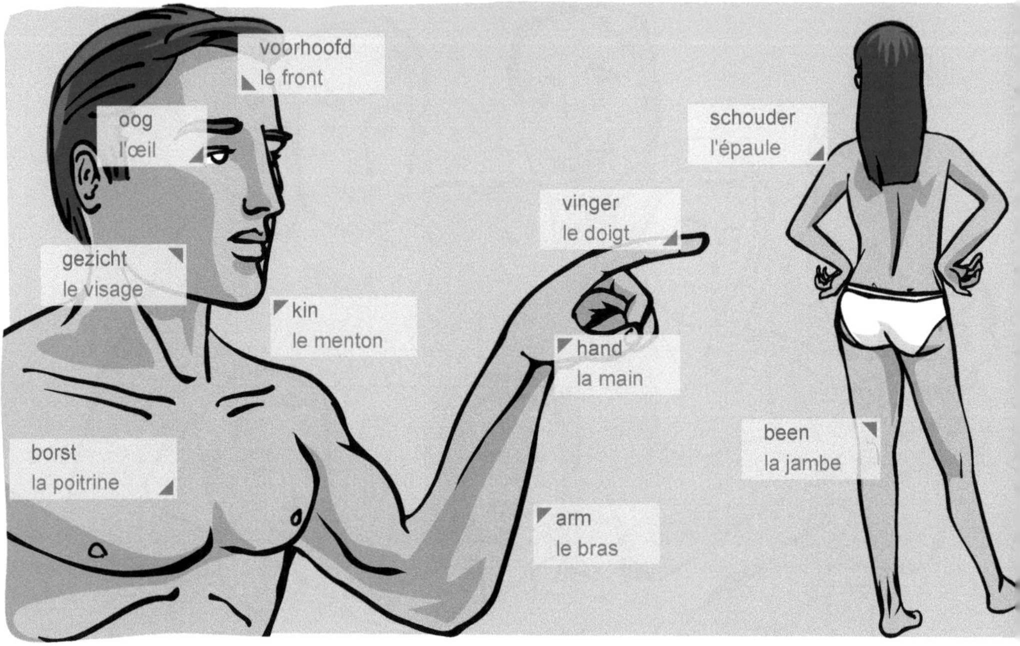

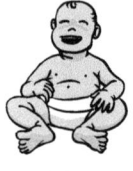

baby
le bébé

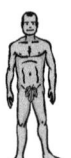

man
l'homme

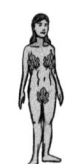

vrouw
la femme

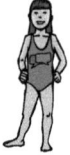

meisje
la fille

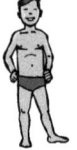

jongen
le garçon

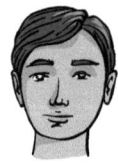

hoofd
la tête

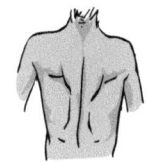

rug

le dos

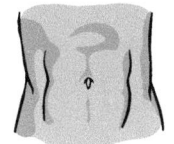

buik

le ventre

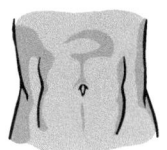

navel

le nombril

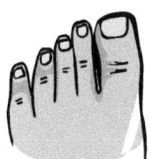

teen

l'orteil

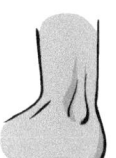

hiel

le talon

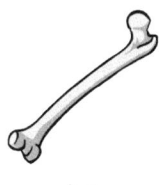

bot

l'os

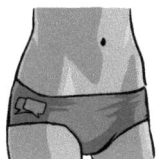

heup

la hanche

knie

le genou

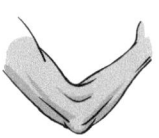

elleboog

le coude

neus

le nez

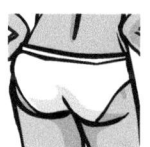

zitvlak

les fesses

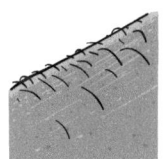

huid

la peau

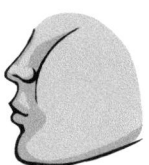

wang

la joue

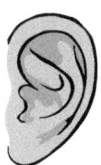

oor

l'oreille

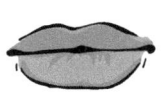

lip

la lèvre

mond
....
la bouche

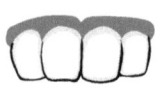

tand
....
la dent

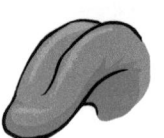

tong
....
la langue

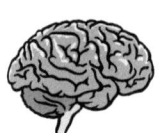

hersenen
....
le cerveau

hart
....
le cœur

spier
....
le muscle

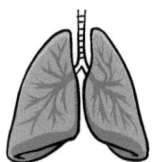

long
....
les poumons

lever
....
le foie

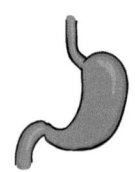

maag
....
l'estomac

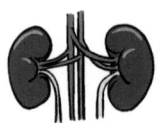

nieren
....
les reins

seks
....
le rapport sexuel

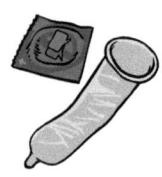

condoom
....
le préservatif

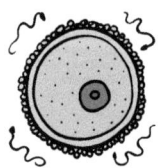

eicel
....
l'ovule

sperma
....
le sperme

zwangerschap
....
la grossesse

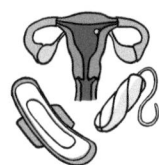

menstruatie
la menstruation

vagina
le vagin

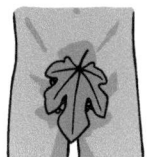

penis
le pénis

wenkbrauw
le sourcil

haar
les cheveux

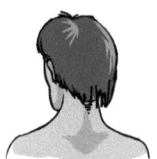

nek
le cou

ziekenhuis
l'hôpital

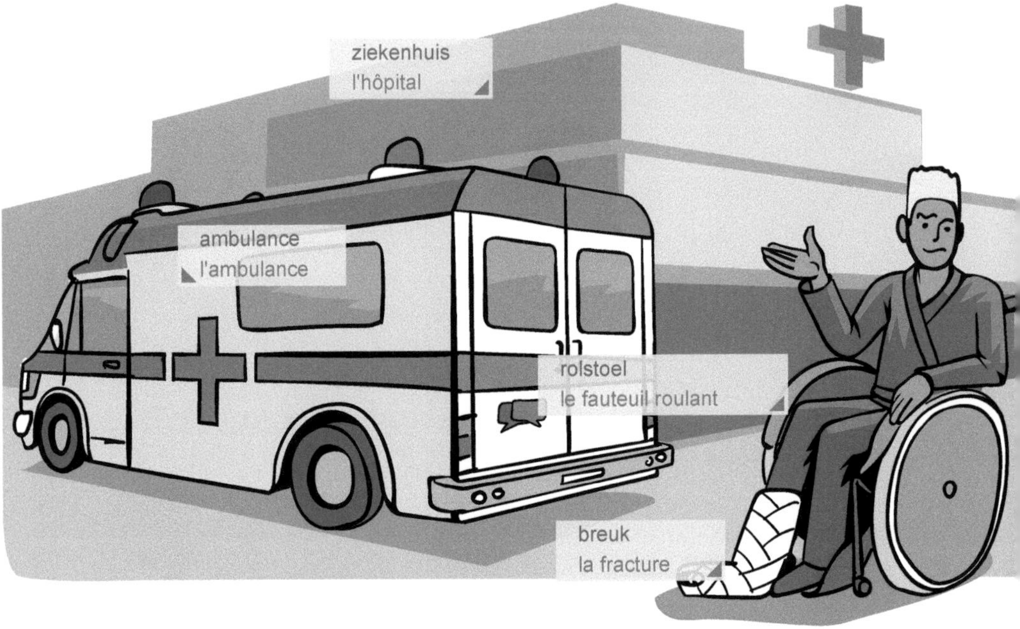

ziekenhuis
l'hôpital
ambulance
l'ambulance
rolstoel
le fauteuil roulant
breuk
la fracture

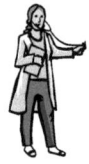

dokter

le médecin

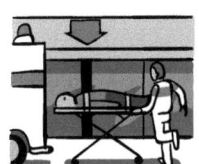

spoed

le service des urgences

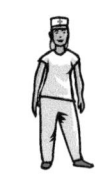

verpleegkundige

l'infirmière

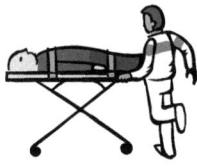

noodgeval

l'urgence

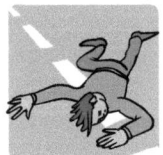

bewusteloos

inconscient

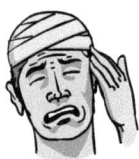

pijn

la douleur

verwonding

la blessure

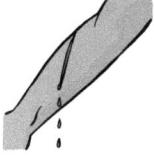

bloeding

l'hémorragie

hartaanval

la crise cardiaque

beroerte

l'attaque cérébrale

allergie

l'allergie

hoest

la toux

koorts

la fièvre

griep

la grippe

diarree

la diarrhée

hoofdpijn

le mal de tête

kanker

le cancer

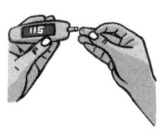

diabetes

le diabète

chirurg

le chirurgien

scalpel

le scalpel

operatie

l'opération

CT
le CT

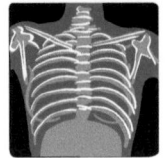

röntgenstraal
la radiographie

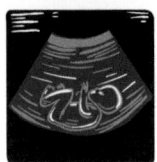

ultrageluid
l'échographie

gezichtsmasker
le masque

ziekte
la maladie

wachtkamer
la salle d'attente

kruk
la béquille

pleister
le pansement

verband
le pansement

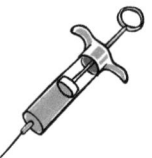

injectie
l'injection

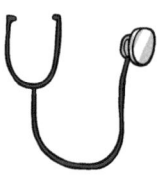

stethoscoop
le stéthoscope

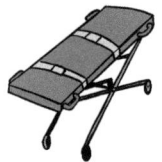

brancard
le brancard

thermometer
le thermomètre

geboorte
l'accouchement

overgewicht
la surcharge pondérale

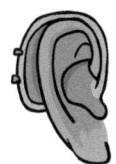

hoorapparaat

l'appareil auditif

ontsmettingsmiddel

le désinfectant

infectie

l'infection

virus

le virus

HIV / AIDS

le VIH / le sida

medicijn

le médicament

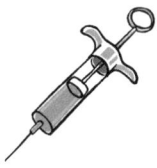

vaccinatie

la vaccination

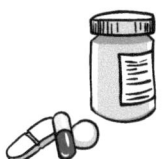

tabletten

les comprimés

pil

la pilule

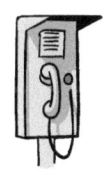

noodoproep

l'appel d'urgence

bloeddrukmeter

le tensiomètre

ziek / gezond

malade / sain

Help!

Au secours !

alarm

l'alarme

overval

l'assaut

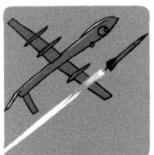

aanval

l'attaque

gevaar

le danger

nooduitgang

la sortie de secours

Brand!

Au feu!

brandblusser

l'extincteur

ongeval

l'accident

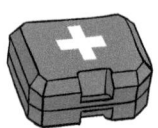

EHBO-kit

la trousse de premier
secours

SOS

SOS

politie

la police

Europa

l'Europe

Noord-Amerika

l'Amérique du Nord

Zuid-Amerika

l'Amérique du Sud

Afrika

l'Afrique

Azië

l'Asie

Australië

l'Australie

Atlantische Oceaan

l'Océan atlantique

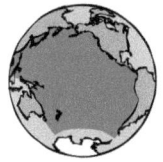

Stille Oceaan

l'Océan pacifique

Indische Oceaan

l'Océan indien

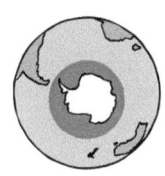

Antarctische Oceaan

l'Océan antarctique

Arctische Oceaan

l'Océan arctique

Noordpool

le Pôle nord

Zuidpool
le Pôle sud

Antarctica
l'Antarctique

aarde
la terre

land
le pays

zee
la mer

eiland
l'île

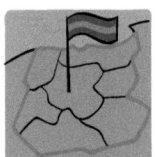

natie
la nation

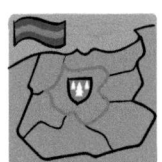

staat
l'état

wijzerplaat

le cadran

uurwijzer

l'aiguille des heures

minuutwijzer

l'aiguille des minutes

secondewijzer

l'aiguille des secondes

Hoe laat is het?

Quelle heure est-il ?

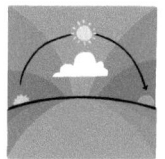

dag

le jour

tijd

le temps

nu

maintenant

digitale horloge

la montre digitale

minuut

la minute

uur

l'heure

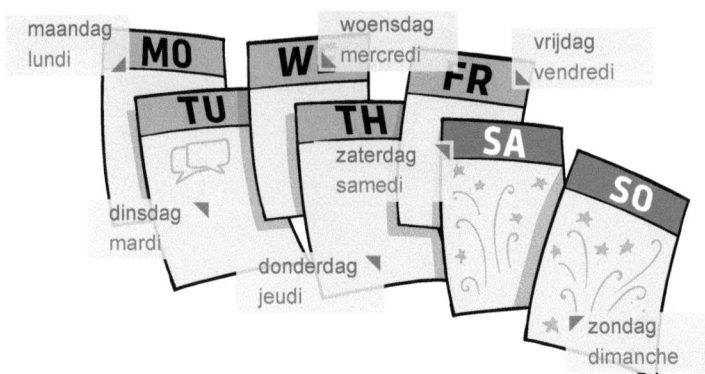

maandag
lundi

woensdag
mercredi

vrijdag
vendredi

dinsdag
mardi

zaterdag
samedi

donderdag
jeudi

zondag
dimanche

gisteren

hier

vandaag

aujourd'hui

morgen

demain

ochtend

le matin

middag

le midi

avond

le soir

werkdagen

les jours ouvrables

weekend

le week-end

jaar
l'année

regen
la pluie
regenboog
l'arc-en-ciel
sneeuw
la neige
wind
le vent
lente
le printemps
herfst
l'automne
zomer
l'été
winter
l'hiver

4.APRIL 11°
5.APRIL 4°
6.APRIL 13°
7.APRIL 8°
8.APRIL 10°

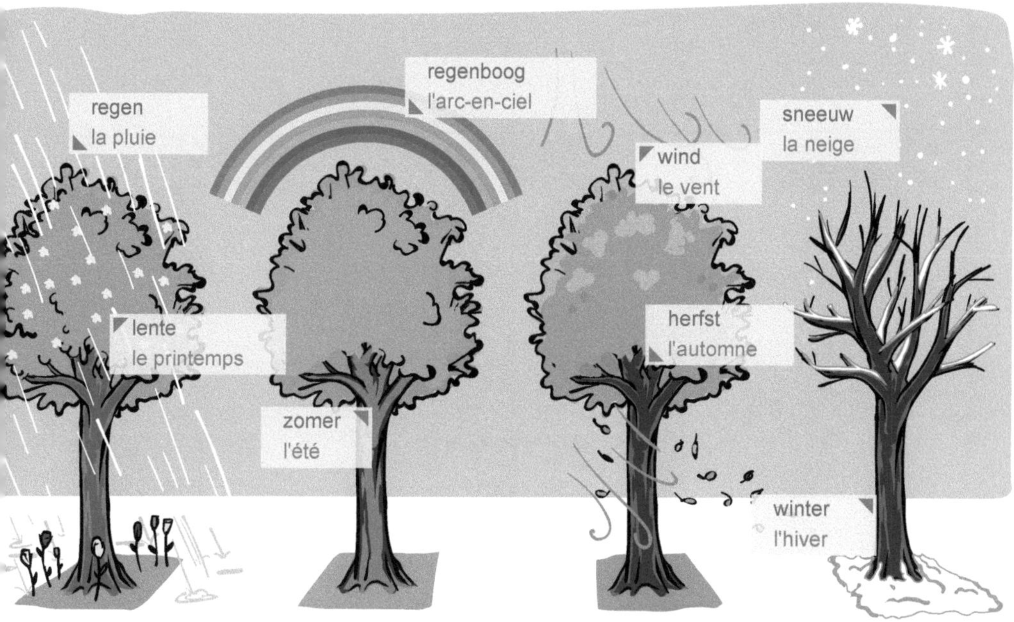

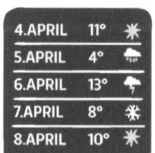

weervoorspelling

la météo

F
C
120
90
60
30
0
-30
40
30
20
10
0
-10
-20

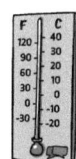

thermometer

le thermomètre

zonneschijn

la lumière du soleil

wolk

le nuage

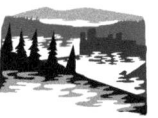

mist

le brouillard

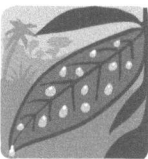

vochtigheid

l'humidité

bliksem

la foudre

donder

la tonnerre

storm

la tempête

hagel

la grêle

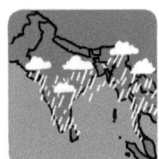

moesson

la mousson

overstroming

l'inondation

ijs

la glace

januari

janvier

februari

février

maart

mars

april

avril

mei

mai

juni

juin

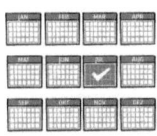

juli

juillet

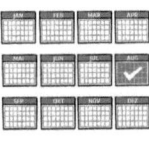

augustus

août

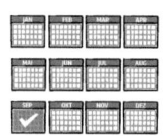

september
septembre

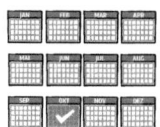

oktober
octobre

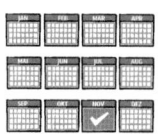

november
novembre

december
décembre

vormen
les formes

cirkel
le cercle

kwadraat
le carré

rechthoek
le rectangle

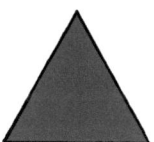

driehoek
le triangle

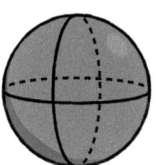

bol
la sphère

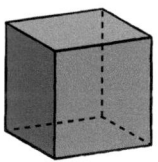

kubus
le cube

wit
blanc

geel
jaune

oranje
orange

roze
rose

rood
rouge

paars
violet

blauw
bleu

groen
vert

bruin
marron

grijs
gris

zwart
noir

veel / weinig

beaucoup / peu

boos / kalm

fâché / calme

mooi / lelijk

joli / laid

begin / einde

le début / la fin

groot / klein

grand / petit

licht / donker

clair / obscure

broer / zus

frère / soeur

proper / vuil

propre / sale

volledig / onvolledig

complet / incomplet

dag / nacht

le jour / la nuit

dood / levend

mort / vivant

breed / smal

large / étroit

eetbaar / oneetbaar
comestible / incomestible

kwaadaardig / vriendelijk
méchant / gentil

opgewonden / verveeld
excité / ennuyé

dik / dun
gros / mince

eerst / laatst
le premier / le dernier

vriend / vijand
l'ami / l'ennemi

vol / leeg
plein / vide

hard / zacht
dur / souple

zwaar / licht
lourd / léger

honger / dorst
faim / soif

ziek / gezond
malade / sain

illegaal / legaal
illégal / légal

intelligent / dom
intelligent / stupide

links / rechts
gauche / droite

dichtbij / veraf
proche / loin

nieuw / gebruikt

nouveau / usé

niets / iets

rien / quelque chose

oud / jong

vieux / jeune

aan / uit

marche / arrêt

open / dicht

ouvert / fermé

stil / luid

faible / fort

rijk / arm

riche / pauvre

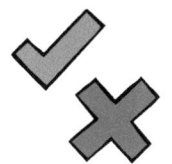

juist / fout

correct / incorrect

ruw / glad

rugueux / lisse

droevig / blij

triste / heureux

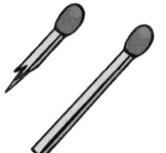

kort / lang

court / long

traag / snel

lent / rapide

nat / droog

mouillé / sec

warm / koud

chaud / froid

oorlog / vrede

la guerre / la paix

cijfers

les nombres

0

nul

zéro

1

één

un / une

2

twee

deux

3

drie

trois

4

vier

quatre

5

vijf

cinq

6

zes

six

7

zeven

sept

8

acht

huit

9

negen

neuf

10

tien

dix

11

elf

onze

12

twaalf

douze

13

dertien

treize

14

veertien

quatorze

15

vijftien

quinze

16

zestien

seize

17

zeventien

dix-sept

18

achtien

dix-huit

19

negentien

dix-neuf

20

twintig

vingt

100

honderd

cent

1.000

duizend

mille

1.000.000

miljoen

le million

cijfers - les nombres

les langues

Engels

l'anglais

Amerikaans Engels

l'anglais américain

Chinees (Mandarijn)

le chinois mandarin

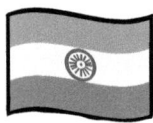

Hindi

le hindi

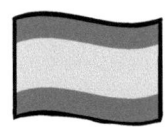

Spaans

l'espagnol

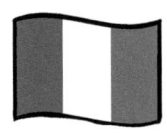

Frans

le français

Arabisch

l'arabe

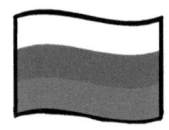

Russisch

le russe

Portugees

le portugais

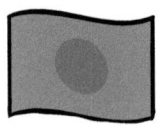

Bengali

le bengali

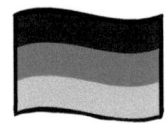

Duits

l'allemand

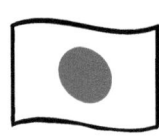

Japans

le japonais

ik
je

u
tu

hij / zij / het
il / elle / ce, c', cela

wij
nous

u
vous

ze
ils / elles

wie?
Qui ?

wat?
Quoi ?

hoe?
Comment ?

waar?
Où ?

wanneer?
Quand ?

naam
le nom

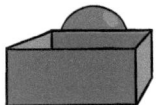

achter

derrière

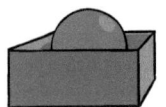

in

dans

voor

devant

boven

au-dessus

op

sur

onder

en-dessous

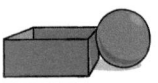

naast

à côté de

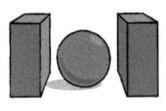

tussen

entre

plaats

le lieu